AF220811

Wolfgang A. Kasper lebt und arbeitet in Heidelberg; er unterrichtet an einem Gymnasium und ist in der Referendarsausbildung tätig.

Wolfgang A. Kasper

Mit „Elfchen" durch Corona-Zeiten

Gedichte

Bibliografische Information der Deutschen
Nationalbibliothek
Die Deutsche Nationalbibliothek verzeichnet diese
Publikation in der Deutschen Nationalbibliografie;
detaillierte bibliografische Daten sind im Internet über
http://dnb.dnb.de abrufbar.

© 2020 Wolfgang A. Kasper

Satz, Layout und Cover: Dr. Günther Emlein

Herstellung und Verlag: BoD – Books on Demand,
Norderstedt

ISBN: 978-3-75260651-5

Inhalt

„Ein jegliches hat seine Zeit,
und alles Vorhaben unter dem Himmel
hat seine Stunde"

(Prediger Salomo / Kohelet, Kapitel 3, Vers 1)

Vorbemerkung

Was genau ist ein „Elfchen" und was hat diese Textform wie in dem vorliegenden Fall mit der Corona-Pandemie zu tun?

Bei einem Elfchen handelt es sich um eine Lyrikform, die sich durch ihre strukturierte und prägnante Form auszeichnet. Dabei sind in formaler Hinsicht insgesamt elf Wörter auf fünf Gedichtzeilen wie folgt zu verteilen:

1. Zeile: ein Wort (z.B.: ein Gedanke, Gegenstand o. Ä.)

2. Zeile: zwei Wörter (führen diesen näher aus)

3. Zeile: drei Wörter (der bezeichnete Gegenstand in näherer Bestimmung)

4. Zeile: vier Wörter (bietet zumeist eine Konkretisierung)

5. Zeile: ein Wort (enthält einen Abschluss oder ggf. auch einen Kontrast)

Dies stellt *eine* mögliche Variante dar, wie sich Elfchen gestalten lassen.

Den Rahmen für die folgenden Elfchen bilden der Beginn des Lockdowns zur Eindämmung der Corona-Pandemie und die Zeit bis zum Sommer des laufenden Jahres. Die vorliegende Sammlung möchte zum vorübergehenden Verweilen und Betrachten einladen. Manche Texte mögen ein nachdenkliches oder auch schmunzelndes Erinnern auslösen, andere wiederum werden vielleicht in ihrer ‚Fremdheit' herausfordern.

Bei der Fülle an Nachrichten und Informationen, die seit Beginn der Krise auf uns einströmten, ging es mir an manchen Tagen so, dass ich diese für mich zu sortieren und zu kanalisieren suchte. Dabei stellte sich nach kurzer Zeit ein im Grunde angenehmer Effekt ein, als ich mich in manchen aufgeregten Momenten und angesichts irritierender Nachrichten darauf konzentrierte, aus einem einzelnen wahrgenommenen Aspekt ein Elfchen zu formulieren. Dies führte in der Folge fast immer dazu, dass persönliche Wahrnehmungen und situative Emotionen sinnvoll ‚begrenzt' wurden. Eine im Rückblick überaus hilfreiche und bereichernde Erfahrung in unruhigen Zeiten.

Für vielfältige Unterstützung danke ich Ludgera Graw, Günther Emlein und Klaus-Uwe Falke.

Wolfgang A. Kasper

Heidelberg, im September 2020

Medizin und Gesundheit

Corona

Verstörte Menschen

Zweifel und Fragen

Gibt es eine Lösung?

Krise

Pandemie

Ängstigt Menschen

Kommt mit Wucht

Wird unser Leben prägen

Atemschutz

Systemrelevant (I)

Elementare Dienstleistungen

Ärztinnen und Pflegekräfte

Wirken an vorderster Front

Heldinnen

Verlangsamung

Öffentlichen Lebens

‚Flatten the curve'

Strategien zur Eindämmung

Ausbreitung

Gewissensfragen

Auf Intensivstationen

Ethik und Moral

Auf Leben und Tod

Triage

Infektionsketten

Sofortige Unterbrechung

Behörden im Stressmodus

Betroffene und ihre Angehörige

Massentests

Unwohlsein

Leichte Symptome

Kaum von Bedeutung

Ein paar Tage warten

Testergebnis

Gesundheit

Begehrtes Gut

Eine knappe Ressource

Pandemien nehmen keine Rücksicht

Fragilität

Atmung

Unerlässliche Gabe

Quelle allen Lebens

Am besten gleich zertifiziert

Atemschutzmaske

Pressebriefings

Wichtige Mitteilungen

Fachleute informieren kompetent

Statistiken prägen unser Leben

Reproduktionszahl

Bevölkerung

Aktuell gefährdet

Abstand und Hygiene

Sich und andere schützen

Immunität

Aerosole

Unsichtbare Schwebeteilchen

Raumluft und Atmosphäre

Im Sommer (k)ein Problem

Übertragungswege

Testpersonen

Impfstoffe erproben

Vermehrt Antikörper bilden

Die Studie verläuft erfolgversprechend

Verdienste

Impfschutz

Notwendiges Desiderat

Hilft Menschenleben schützen

Ob ‚aktiv oder passiv‘

Biotech

Fallzahlen

Erneut steigend

Nerven liegen blank

Das Virus bleibt heimtückisch

Irritationen

Regelbetrieb

Im Alltag

Nach den Sommerferien

Zwischen Wunsch und Sorge

Neuinfektionen?

Informationen

‚Coronavirus-Update'

Spannender NDR-Podcast

Ein Chefvirologe klärt auf

Preiswürdig!

Öffentliches Leben

Hamsterkäufe

Leere Regale

Lieferung in Kürze

Auch das Allernötigste fehlt

Toilettenpapier

Unsicherheit

Anfängliche Spannung

Keine vergleichbare Erfahrung

Das Leben anders gestalten

Anpassung

Kampf

Corona-Pandemie

Grundgesetzlich geschützte Rechte

Vorübergehend außer Kraft gesetzt

Freiheit

Einschränkungen

Corona-Verordnung

Öffentliches Leben erlahmt

Neue Spielräume entdecken lernen

Freiheitsgrade

Schließung

Drohender Verlust

Hoffen und Bangen

Woher kommt uns Unterstützung?

Kurzarbeit

Existenzen

Überleben sichern

Aufträge brechen ein

Unverschuldet in Not geraten

Rettungspakete

Unternehmen

Im Lockdown

Trotzen der Krise

Suche nach Rettung läuft

Staatsbeteiligung

Medien

Ungebrochene Bilderflut

Manches erscheint ‚grenzwertig‘

Ärzte ringen um Menschenleben

Schreckensbilder

Spieltrieb

Homo ludens

Ein elementares Bedürfnis

Nicht nur auf Spielplätzen

Geschlossen!

Cineasten

Üben Verzicht

Doch nur vorübergehend

Eine Alternative ist gefunden

Autokino

Training

Geschlossene Fitnessstudios

Entspannungsübungen zu Hause

Eine Einheit geht noch

Yogamatte

Lockerungen

Langsame Veränderungen

In Corona-Zeiten

Geht's nicht auch schneller?

Normalität

Neuöffnung

Öffentliches Leben

Geschäfte, Schulen, Kitas

Leben mit dem Virus

Koexistenz

Schengenraum

Offene Grenzen

Nachbarn und Freunde

Die Pandemie schottet ab

Selbstauskunft

Spargel

In Deutschland

Felder liegen brach

Wer darf noch einreisen?

Erntehelfer

Schlachthöfe

Sub-Arbeitnehmer

Menschen aus Osteuropa

Arbeiten dicht an dicht

Lockdown II

Ernährung

Im Wohlstand

Nachhaltigkeit und Tierwohl

Was möchte der Markt?

‚Billigfleisch‘

Krisenmanagement

Volatile Zeiten

Auf Sicht fahren

Wer bewahrt den Überblick?

Politik

Wettbewerb

Unter Politikern

Wer ‚lockert‘ zuerst?

Nur keine Blöße geben

Problemlösekompetenz

Getriebene

Medialer Dauerstress

Wer kann Krise?

Wettbewerber suchen nach Bestätigung

Kanzlerkandidat

Urlaubspläne

Sehnsuchtsorte entdecken

Oder besser verschieben?

Die Lösung des Außenministeriums

Reisewarnung

Ferien

Beinahe immer

Ein anderes Leben

Zwischen Familie und Beruf

Tapetenwechsel

Gastlichkeit

Virale Regionen

Menschen reisen wieder

Nicht alle sind willkommen

Beherbergungsverbot

Schweden

Schärenküste, Mittsommerfest

Land der Kindheitsträume

Nachbarn schließen ihre Grenzen

Sonderweg?

Strände

Enormer Ansturm

Tagesgäste werden abgewiesen

Touristische Buchungen laufen gut

Kapazitätsgrenze

Ferienstart

Mehrere Bundesländer

Rasche Erholung naht

Wie in jedem Jahr

Reisewelle

Sport

Unterbrochene Wettbewerbe

Bundesliga ohne Fans

Der Heimvorteil schwindet vorübergehend

Geisterspiele

Bundesliga

Für Fußballfreunde

Ein wöchentliches Muss

‚Fiebern‘ dem Finale entgegen

Relegation

Konsum

Insgesamt rückläufig

Wie nur gegensteuern?

Von 19 auf 16

Mehrwertsteuer

Familien

Verdienen Unterstützung

Mindestens 300 Euro

Corona-Konjunkturpaket zügig verabschiedet

Bonus

Verbraucher

Brauchen Schutz

Güter und Dienstleistungen

Der Markt wird's richten

Rendite

Ökonomie

Globale Lieferketten

Kostenoptimiert und anfällig

Wie wirtschaften wir nachhaltig?

Trends

Geldanlagen

Stets unerlässlich

Schaffen finanzielle Freiheit

Wo gibt's noch Zinsen?

Aktien

Börsenlieblinge

Steile Höhenflüge

Anleger überaus erfreut

Wo waren die Kontrolleure?

Absturz

DAX

Börsennotierte Unternehmen

Die dreißig größten

Eine Insolvenz kaum möglich

Kontrollverlust

Lebensraum

Unsere Erde

Meere, Wälder, Atmosphäre

Nimmt sich eine Auszeit

Schonung

Bildung und Schulleben

Schulschließung

Fast Ferien

Noch mehr Hausaufgaben

Familie ein wenig genervt

Homeschooling

Unterricht

Mit Zukunft

Auf Dauer dezentral

Schüler begegnen ihren Lehrern

Webkonferenz

Mimik

Emotionale Intelligenz

Face to face

‚Ich kann nichts sehen!'

Videokonferenz

Schule

Mit Abstandsregeln

Erfindet sich neu

Man schützt sich voreinander

Risikogruppe

Leistungsmessung

Digitales Lernen

Schule ganz anders

Erheblicher Aufwand für viele

Versetzung

Lehrberuf

In Anwesenheit

Wer unterstützt wen?

Zwischen Hoffen und Bangen

,Unbedenklichkeitsbescheinigung'

Fachkonferenz

Virtuell organisiert

Was steht an?

Alle beteiligen sich engagiert

Tagesordnung

Standards

An Schulen

Schon lange festgelegt

Und in der Krise?

Hygiene

Stundenpläne

Stets aktualisiert

Hauptfächer haben Vorrang

Wo bleibt jetzt 'Reli'?

Prioritäten!

Lehrende

In Krisenzeiten

'Schulen brauchen Orientierung'

Wie gelingt eigentlich Erziehung?

Zuwendung

Dialog

Kann gelingen

Mindestens zeitweise empathisch

Lehrer und ihre Schüler

Problemlösung

Begegnung

Bisher analog

Jetzt zunehmend digital

‚Was ist der Mensch?‘

Beziehungswesen

Bildung

Hilft (fast) immer

Manche verlieren sich

Zwischen Schule und Elternhaus

Selbstorganisation

Schule

Im Wechsel

Präsenz- und Fernunterricht

Vom Ausprobieren zur Routine

Flexibilität

Klassenzimmer

Lerngruppen geteilt

Schüler/-innen nehmen Platz

Schüchterne und vorsichtige Blicke

Behutsamkeit

Peergroup

Soziales Umfeld

Lebenswichtig und wertvoll

Treffpunkte finden sich überall

Schulgemeinschaft

Lernpakete

Für Schüler

Oft zu umfangreich

Mal auch zu wenig

Balanceakte

Digit@lisierung

Neues Lernen

Verheißt großes Potenzial

Was genau wird ‚besser‘?

Didaktik

Lockerungen

Öffentliches Leben

Kitas und Schule

Kluge Strategien täglich neu

Regelbetrieb

Schulleitungen

Im Dauerstress

In permanenten Gesprächen

Die Grenzen des Machbaren

Übersicht

Schulalltag

Abstandsregeln aufgehoben

Zumindest im Klassenzimmer

Viren müssen draußen bleiben

Hygienebeauftragter

Kita

Im Herbst

Die Nase trieft

‚Kind bitte sofort abholen!‘

Schnupfen

Themen

Im Unterricht

Eine bewegende Familiengeschichte

Josef und seine Brüder

Bewahrung

Englisch

Eine Fremdsprache

Trotz bedauerlichem Brexit

Für uns alle unverzichtbar

Homework

Schuljahr

Am Ende

Bald sind Sommerferien

Was steht noch an?

Durchhaltevermögen

Kolleg(in)

Zahlreiche Dienstjahre

Ein bewegtes Berufsleben

Eine erfahrene Laudatorin gesucht

Ruhestand

Schuljahresabschluss

Letzter Schultag

Anders als sonst

Gestaffelte Zeugnisausgaben und Abschiede

Ferienbeginn

Sommerferien

In Baden-Württemberg

Chillen für Anfänger

War da noch was?

‚Lernbrücken'

Ich und die Anderen

Systemrelevant (II)

Zahlreiche Berufe

Tag und Nacht

Unverzichtbar für uns alle

Respekt

Atemschutzmaske

Dringend benötigt

Woher nur nehmen?

Es tut sich was

Nähanleitung

Abstände

Werden größer

Begrüßungen verändern sich

Soziale Kontakte neu gestalten

Aufmerksamkeit

Unruhe

Wenig verwunderlich

In bewegten Zeiten

‚Woher kommt mir Hilfe?'

Gelassenheit

Menschen

Unsichere Zeiten

Hoffnung gegen Hoffnungslosigkeit

Wir sortieren uns neu

Lebensmut

Ausgehverbot

Vierzehn Tage

Keine Einkäufe möglich

Freundliche Menschen unterstützen uns

Nachbarschaftshilfe

Familienleben

Gänzlich neu

Homeoffice und Homeschooling

Wir lernen einander kennen

Entdeckungen

Großeltern

Für Enkelkinder

Ein wahrer Segen

Wer trifft sich wann?

Quarantäne

Gemeinschaft

Routinen entwickeln

Familie versammelt sich

Ein passendes Medium finden

Erzählen

Begegnungen

Konsequente Schutzmaßnahmen

Gerade in Pflegeheimen

Scheiben trennen und verbinden

Rührung

Trauerfeiern

Strenge Auflagen

Trost für Hinterbliebene

Abschiednehmen fällt vielen schwer

Distanz

Herausforderungen

Strömen ein

Einige bleiben dauerhaft

Am Rande der Überforderung

Selbstsorge

Risiken

Kaum beherrschbar

Regelmäßige Abwägungen treffen

Zwischen Versicherungspolicen und Attesten

Lebenslauf

Achtung

Des Anderen

In schwierigen Zeiten

Begrenzung der eigenen Freiheit

Menschlichkeit

Selbstgespräche

Innere Persönlichkeitsanteile

Fremdeln oftmals miteinander

Das letzte Wort behalten

‚Seelenhygiene‘

Aktuell

Regeln beachten

Öfters Vortritt lassen

Aufmerksame Blicke muntern auf

Freundlichkeit

Fragen

Werden zahlreicher

Nahezu täglich neue

Wie sich bloß zurechtfinden?

Überblick

Masken

Erst Mangel

Schließlich bunte Vielfalt

Mit und ohne Zertifizierung

Accessoire

Kommunikation

Zumeist respektvoll

Gelingt nicht immer

‚Es tut mir leid!'

Entschuldigung

Verstehen

Ohne Worte

Einander innerlich berühren

Einverständnis zwischen Dialog-Partnern

Empathie

Konflikte

Manchmal vorübergehend

Beinahe immer beanspruchend

Nicht alle sind lösbar

Nächster

Urlaubsorte

Corona-Hotspots

Reisevorbereitungen laufen an

Gedämpfte Vorfreude bei vielen

Reiseabbruchversicherung

Urlaubswünsche

Sehnsucht vieler

Wasser und Berge

Fast alle wollen weg

Welle(n)

Norden

Für Liebhaber

‚Nimm es gelassen!'

Wer die Ruhe sucht

Fernweh

Heranwachsende

Wünschen Austausch

Analoges und Digitales

Zwischen Familie und Freunden

Schulöffnung

Liebe

In Corona-Zeiten

Bitte mit ‚Abstand'!

Zwischen Nähe und Distanz

Intimität

Lebensziele

Auf Bewährung

Gleich einem Kompass

Die Nadel spielt verrückt

Scheitern

Wut

Starke Emotion

Überlagert alles andere

Liebe alleine genügt nicht

Sachlichkeit

Leben

Voller Herausforderungen

Akzeptieren und Hoffen

Zwischen Tapferkeit und Furcht

‚Berufung'

Unruhe

Im Herzen

Ursachen bleiben unklar

Wie gelingt ‚inneres Aufräumen'?

Selbstannahme

Generationen

Folgen aufeinander

Teilen gemeinsame Erfahrungen

Freude, Glück und Leid

Lebensstrom

Worte

Erschaffen Welten

Stärken, verletzen, trösten

Ich, Du und Wir

Ansprechbar

Verärgerung

Am Arbeitsplatz

Eigentlich ziemlich normal

Doch mit Stress verbunden

Resilienz

Gewichtig

Corona-Pfunde

Bewegung tut Not

Fasten, Trennkost, Mittelmeer-Diät

Selbstbild

Informationen

Täglich neu

Print und Online

Wie den Überblick bewahren?

Begrenzung

Lesen

Gedankenräume erschließen

Fakten und Fiktionen

In fremde Wirklichkeiten eintauchen

Genuss

Passion

Quälend lange

Kaum zu verstehen

Wann endet das alles?

Tröstliches

Dornenkrone

Jesus gekreuzigt

ER hat gelitten

Auch heute leiden viele

Warum?

Karwoche

Unruhiger Start

Lockdown Woche vier

Menschen hoffen auf morgen

Auferstehung

Ferienbeginn

Irgendwie anders

Kaum ein Übergang

Wie geht eigentlich Ostern?

Neues

Notlagen

Verstören Menschen

Wer spendet jetzt Trost?

Eine ‚Frohbotschaft' für viele!

Zuversicht

Vertrauen

Kein Selbstläufer

Ängstlich und besorgt

Wo bleibt der Glaube?

Hören

Abstandsregeln

Zu befolgen!

Wo ist ER?

Erzählen, Hören, Singen, Beten

Gottesnähe

Verkündigung

Neue Wege

Tradition und Gegenwart

Wie ereignet sich ‚Evangelium‘?

Überraschendes

Schulgottesdienst

Gesprochenes Wort

In der Kirche

Vielleicht in neuen Formaten?

Online

Leben

Ewiges Fragen

Schön und verletzlich

Selbstzweifel trifft auf Urvertrauen

Menschsein

Zerbrechlich

Ein Menschenleben

Auf Hoffnung angelegt

Von Anfang bis Ende

Transzendenz

Lebensgeschichte

Ein Fragment

Glücksmomente und Abschiede

Zwischen Himmel und Erde

Neuschöpfung

Feste

Manchmal Nebensache

Einige auch unverstanden

Was gibt's zu feiern?

Himmelfahrtstag

Feiertage

Immer wiederkehrend

Vermitteln uns Struktur

Nicht nur an Pfingsten

Geistesgegenwart

Gottesdienste

In Krisen

Trost und Zuversicht

Doch ohne gemeinsames Singen

Mundschutz

Zweifel

Drängende Fragen

Eine Krise durchstehen

Die Hoffnung auf Normalität

Sinn

Leidsituationen

Elementare Fragen

Wo ist Gott?

Von Hiob bis Leibniz

Sprachlosigkeit

Erzählen

Himmlisch geerdet

Sorge und Zweifel

‚Alles hat seine Zeit‘

Gnade

Systemrelevant (III)

Öffentliches Eintreten

Kirche und Theologie

Klärungen, Zuspruch und Lebenshilfe

Schweigen

Stille

Eine Herausforderung

In aufgewühlten Zeiten

Einen Moment ‚sich vergessen'

Kontemplation

Bitten

In Unsicherheiten

Anrede und (Selbst-)Gespräch

Wer ist der Adressat?

Schöpfer

Bibel

Heiliges Buch

Ungelesen und unbekannt

Die Kraft des Wortes

Evangelium

Höchststand

Letztes Jahr

Evangelisch und katholisch

Abstimmung mit den Füßen

Kirchenaustritte

Seelsorge

Im Lockdown

Chat, Video, Messenger

Welches Medium hilft weiter?

Gespräche

Wege

Verlaufen verschieden

Kaum etwas planbar

Ein Mensch bleibt gehalten

Segen

Trauung

Einander angeloben

Erst einmal verschieben

Die Pandemie kittet ‚zusammen'

Hochzeit

JA

Am Anfang

Wort der Zusage

Ein Bund fürs Leben

Taufe

Segenswünsche

Angesichts Verunsicherung

Kein vollmundiges Reden

Leise Worte des Zuspruchs

Behütet

Zu guter Letzt...

Nachdenken

Täglich neu

Kurz und bündig

Für Jung und Alt

‚Elfchen'

‚Elfchen'

Sprache verdichtet

Gedanken und Emotionen

Der Anfang ist geschafft!

ENDE (I)

Anfänge

Pandemische Zeiten

Schreiben als Wegbegleitung

Die ‚Elfchen' machen Pause!

ENDE (II)